SALOMOS ODER

OVERSATT AV RUNE ØDEGAARD

KRYSTIANIA

Published 2010 by Krystiania

© Rune Ødegaard 2010

Cover: Sølvi Nykland

ISBN 978-82-998243-4-7

"For den som tolker ville kunne bli oppløst,
og slik bli det som tolkes.

Det er nok å vite og hvile,
for sangerne står i ro,
likesom en flod med en veldig kilde,
som strømmer for dem som søker den"

Ode 26
Salomos Odene

INNHOLD

Dedikert til sjelens pilegrimer.

Forord

Salomos Oder er en gammel kristen klassiker, som her presenteres for første gang på norsk. Denne oversettelsen er basert på Rendels materiale og en dansk oversettelse jeg er takknemmlig for å ha fått lov til å bruke som støtte. Disse er oppgitt i referanselisten på slutten av boken. Jeg har prioritert ivaretakelse av tekstens poetiske karakter, fremfor bokstavtro oversettelse.

Odenes overskrifter, er ikke fra originalen, men er laget av oversetteren for at leseren bedre skal kunne manøvrere i tekstens innhold.

Ellers vil jeg takke takke Torben Jessen for at jeg fikk bruke hans danske oversettelse som hjelpetekst, Sølvi Nykland som har laget forsiden på boken, og Elisabeth Ek Solheim, som har hjulpet meg med språklige utfordringer, samt flere medlemmer av martinistordenen i Norge, Ordre Reaux Croix, og menigheten i den valentinske kirken, Ecclesia Valentinaris Antiqua.

INTRODUKSJON

Gjennom mange år har apokryfe bøker og manuskripter vært mine daglige følgesvenner på livets stier, og blant disse har de gnostiske tekster vært de aller kjæreste.

Det var derfor med stor glede jeg fikk høre om Salomos Oder for noen år tilbake, og at disse muligens skulle ha sitt opphav i de gnostiske kristne sirkler. Jeg ble ikke skuffet da jeg oppdaget odenes poetiske karakter, og at de hadde likhetstrekk med Davids salmer i sin form. De skilte seg imidlertid fra disse gjennom sitt optimistiske, lyse og positive preg. Den tidvis hevnende og straffende tonen som man finner i Davids-salmene er totalt fraværende. Odene er gjennomtrukket av ekstatiske beskrivelser, mystisk kjærlighet, med til tider et hellig erotisk preg.

Teksten er slik et godt poetisk alternativ til Davids-salmene, for de som søker et meditativt stevnemøte med den kristne visdomstradisjonen.

Odenes gjenoppdagelse

Odene i denne teksten forsvant før middelalderen, og man regnet med at de var gått tapt for all ettertid. Materialet ble imidlertid ved en tilfeldighet gjenfunnet i Midtøsten og brakt til England sammen med en uoversiktlig mengde annet materiale, uten at dem som pakket forsendelsen visste hvilken poetisk skatt de hadde brakt med seg. Rendel Harris, som gjenfant materialet i denne forsendelsen, oversatte Salomos Oder til engelsk i 1909. Det er gjennom hans arbeid og gjennom tekstens iboende skjønnhet, at Salomos Oder igjen er blitt et relativt kjent verk blant de som vet å verdsette kristen mystisk poesi.

8

Odenes forfatter

Det har vært mye diskusjon rundt hvem som kan være opphavsmann til disse odene, og hvilken retning innen den tidlige kristendommen han eller hun har representert.

På grunn av det store fokuset på visdom og erkjennelse, som del av forløsningsprosessen, kan det synes som om at verket er påvirket av gnostiske strømninger. Om dette er tilfelle, er valentinsk teologi den mest sannsynlig inspirasjonskilden.

Valentinus og hans tilhengere, var blant de første systematiske teologer, og var angivelig en videreutvikling av Paulus lære. De forsøkte å lage en syntese av det som på 300 tallet ble den katolske kristendommen, og det som i tidlig kristendom ble kalt gnostisisme. Resultatet ble en lett gnostifisert platonsk kristendom, som man også gjenfinner i en tekst som Sannhetens Evangelium, som man antar kan være skrevet av Valentinus selv. Sannhetens Evangelium kan med fordel leses sammen med Salomos Oder.

Som et mulig valentinsk verk, viser Salomos Oder oss et alternativ til Davids Salmer, men med et budskap som de fleste moderne kirkegjengere, så vel som moderne mystikere, vil kunne enes om i dag.

Rune Ødegaard
Oslo, Pinsen 2010

ODE 1
SANNHETENS KRANS

Herren er som en krans på mitt hode;
jeg skal ikke være uten Ham.
Sannhetens krans er flettet for meg;
den lar Dine grener vokser i meg.
Den er ikke som en vissen krans
som ikke spirer,
for Du lever på mitt hode
og Du har blomstret på meg.
Dine frukter er fullkomne og mange;
de er fulle av forløsning.

Halleluja!

ODE 2

Denne oden er tapt.

ODE 3
UDØDELIGHET VED SELV Å BLI EN SØNN

Hans lemmer er med Ham;
jeg trenger dem, og Han elsker meg.
Jeg hadde ikke forstått å elske,
om Han ikke alltid hadde elsket meg.
Hvem kan gjenkjenne kjærligheten,
foruten den som er elsket?
Jeg har min Elskede kjær, min sjel elsker Ham,
og hvor Han hviler, hviler også jeg.
Jeg skal ikke være en fremmed,
da det ikke finnes misunnelse
hos den høyeste og barmhjertige.
Jeg er blitt forent med Ham;
elskeren har funnet den Elskede.
Ettersom jeg elsker Ham som er Sønnen,
skal jeg selv bli en Sønn.
Den som er forent med den udødelige,
skal også selv bli udødelig.
Den som gleder seg i den Levende,
skal selv bli levende.
Dette er Herrens Ånd, som er uten svik,
som lærer menneskebarna å kjenne Hans veier.
Vær vise og forstandige, vær våkne!

Halleluja!

ODE 4
HENGIVENHET OG GUDS GAVMILDHET

Ingen kan forderve Ditt hellige sted, O min Gud,
ei heller flytte det annet steds hen.
For det finnes ikke noen som har makt over det.
Du dannet Din helligdom før alle andre steder.
Den gamle skal ikke forandres av dem som er yngre enn ham.
Du har gitt Ditt hjerte, O Herre, til Dine hengivne.
Aldri skal Du bli uvirksom,
aldri bli uten frukter.
En stund av Din tro er som dager og år.
Hvem ikler seg Din nåde og blir forkastet?
Ditt seglmerke er kjent,
Dine skapninger kjenner det.
Dine hærskarer besitter det
og Dine erkeengler er ikledd det.
Du har gitt oss Ditt samfunn.
Ikke fordi Du trengte oss, men fordi vi alltid trenger Deg.
Vask oss med Din klut!
Åpne Dine rike kilder som gir oss melk og honning!
Det finnes ingen anger hos Deg,
slik at Du skulle kunne angre noe Du har lovet.
For alt som vil skje er åpenbart for Deg.
Det som Du gav, det gav Du villig;
aldri skal Du trekke tilbake hva Du gir.
Alt var åpenbart for Deg som er Gud,
og var forordnet fra Begynnelsen.
Og Du, o Herre, har frembrakt alt.

Halleluja!

Ode 5
Guddommelig beskyttelse

Jeg priser Deg, O Gud, for jeg elsker Deg.
Du Høyeste, overgi meg ikke,
Du er mitt håp.
Villig tok jeg imot Din nåde.
Lær meg å leve gjennom den.
Mine forfølgere kommer,
men vil ikke kunne se meg.
En sky av mørke vil falle over deres øyne;
må luften om dem fylles med tykt mørke.
Lyset forsvinner, så de ikke kan ta meg.
La deres rådslagning bli ufornuftig,
så alt de planlegger vender seg mot dem.
De planla et møte, men det ble til intet.
De rådslo i ondskap, men de var maktesløse.
Mitt håp er i Herren, jeg skal ikke frykte.
Fordi Herren er min forløsning vil jeg ikke frykte.
Han er en krans på mitt hode; jeg skal ikke vakle.
Selv om alt vakler, skal jeg stå fast.
Om alle synlige ting forgår, skal jeg ikke dø.
For Herren er med meg, og jeg med Ham.

Halleluja!

ODE 6
KJENNSKAP TIL GUD, SOM EN VELDIG FLOD

Som vinden beveger seg gjennom harpen
og strengene lyder,
så taler Guds Ånd gjennom mine lemmer;
jeg taler gjennom Hans kjærlighet.
Han tilintetgjør det som er fremmed,
alt som er bittert.
Slik som det var fra Begynnelsen,
skal det være ved Slutten,
så intet blir satt imot Ham,
og intet reiser seg mot Ham.
Herren har mangfoldiggjort kunnskapen om seg selv;
Han ivret etter at de skulle bli erkjent,
som vi har mottatt gjennom Hans herlighet.
Sitt navns herlighet gav Han oss.
Vår ånd priser Hans Hellige Ånd.

En strøm brøt frem,
den ble til en stor og bred flod;
den førte alt med seg og brøt det i stykker,
og den førte vannet til templet.
Menneskers krefter kunne ikke holde den tilbake,
ei heller håndverket til de som hindrer vannmassene.
Den bredte seg ut over hele jorden og fylte alt.
Da drakk alle tørste på jorden,
og tørsten ble lindret og slukt.
For den Høyeste har gitt drikken.
Velsignet er derfor denne drikks tjenere,
de som er blitt betrodd Hans vann.

De har fuktet de tørre lepper,
og har vekket den lammede vilje til live.
Også mennesker i dødsnød
har de holdt tilbake fra døden.
Maktesløse lemmer
har de styrket og gitt ny kraft.
De byttet styrke mot sin frimodighet og lys til sine øyne.
Alle kjente dem gjennom Herren,
og de levde av evighetens levende vann.

Halleluja!

Ode 7
Gud gir seg til kjenne

Som vreden retter seg mot ondskapen,
så retter gleden seg mot den Elskede og bærer sin frukt uten hindring.
Min glede er Gud, og min vei går mot Ham.
Min vei er skjønn.
Jeg har en veileder i Herren.
Han har lært meg å kjenne Ham som gavmild og enkel,
Hans barmhjertighet har ydmyket Hans storhet
Han ble som meg, så jeg skulle kunne ta imot Ham;
i skikkelse var Han som meg, så jeg kunne ikle meg Ham.
Jeg skalv ikke da jeg så Ham, for Han var mild mot meg.
Han ble lik min natur, så jeg kunne forstå Ham.
Lik min skikkelse, så jeg ikke skulle vende meg bort fra Ham.
Kunnskapens Fader er kunnskapens Ord.
Han som skapte visdom er visere enn sine verk.
Han som skapte meg da jeg ennå ikke var til,
og visste hva jeg ville gjøre når jeg ble til.
Derfor viste Han meg stor nåde,
lot meg be Ham om gaver og få gagn av Hans offer.
For Han er den uforgjengelige,
tidsaldrenes fullendelse og deres Fader.
Han har latt seg åpenbare for dem som er Hans egne,
så de skal gjenkjenne Ham som frembrakte dem
og ikke tro at de ble til av seg selv.
Mot kunnskapen har Han anlagt sin vei.
Han har bredt og strukket den og ført den til fullkommenhet.
På den har Han satt sitt lys,
og jeg vandret veien fra Begynnelsen til Slutten.
For Ham ble det til, og Han hvilte i Sønnen.

For Hans forløsnings skyld skal alt tilhøre Ham,
og den Høyeste skal erkjennes gjennom sine hellige,
for å forkynne for dem som har sunget om Herrens komme,
så de går ut for å møte Ham.
De synger til Ham i fryd, og med harpens mange toner.
Seerne skal gå frem for Ham og bli sett foran Ham.
De skal prise Ham for Hans kjærlighet, for Han er nær og er blitt
sett.
Hatet skal tas bort fra jorden og druknes sammen med
misunnelsen.
Uvitenheten er brutt ned, for Herrens kunnskap er ankommet.
La sangerne lovsynge Herrens, den Høyestes ære,
de skal fremme sine sanger så deres hjerter blir som dagen,
og deres skjønne stemmer som Herrens veldige skjønnhet.
Det skal ikke være noen blant dem som ånder uten kunnskap,
eller noen som er stumme.
For Han har gitt sin skapning en munn
for at den skulle åpne sin røst for Ham i lovsang,
tilkjennegi Hans styrke og fremme Hans nåde!

Halleluja!

ODE 8
DEN RETTFERDIGE HERRE

Åpne, åpne deres hjerter for å juble over Herren!
La deres kjærlighet flyte fra hjertet til leppene,
for å bringe frukt til Herren, et hellig liv,
og tale vaktsomt i Hans lys.
Reis dere og stå oppreist,
dere som engang var fornedret.
Dere som lever i stillhet, tal,
for deres munn er blitt åpnet.
Dere som ble foraktet, la dere opphøyes,
for deres Rettferdighet er blitt opphøyd.
Herrens høyre hånd er med dere,
og Han vil være deres støtte.
Fred ble dere til del, før det som ble deres strid.
Hør Sannhetens Ord, ta imot den Høyestes kunnskap:

Deres kjød har ikke forstått det jeg skal si dere,
ei heller deres hjerter det jeg skal vise dere.
Bevar Min hemmelighet, dere som kjenner den.
Elsk Meg med hengivenhet, dere som elsker.
Jeg vender ikke mitt ansikt fra disse Mine egne.
For Jeg kjenner dem; innen de ble til kjente Jeg dem.
Jeg satte mitt segl på deres panner.
Jeg formet deres lemmer.
Mitt eget bryst forberedte Jeg for dem,
så de kunne drikke Min hellige melk og leve av den.
De har behaget Meg, og Jeg skammer Meg ikke ved dem.
De er Mine henders verk og Mine tankers styrke.
Hvem kan da stå imot Mitt verk?
Eller hvem er dem ikke underdanige?

Etter Min egen vilje formet Jeg sinn og hjerte, og de er Mine.
Ved Min høyre hånd har Jeg satt Mine utvalgte.
Min rettferdighet går foran dem;
de skal ikke berøves Mitt Navn,
for det er med dem.
Be, voks til og bli faste i Herrens kjærlighet.

Dere som er elsket i den Elskede,
dere som bevares i Ham som lever,
dere som er forløst i Ham som ble forløst,
dere skal være uforgjengelige i alle tidsaldre,
for Faderens Navns skyld.

Halleluja!

Ode 9

Kjennskap til Herren leder til seier

Åpne deres ører, så skal Jeg tale til dere.

Gi Meg deres sjel, så Jeg også kan gi dere Min sjel:

Herrens ord og Hans ønsker, den hellige Tanke,

som Han har tenkt om sin Kristus.

For i Herrens vilje er deres liv,

Hans tanke er evig liv,

og deres fullkommenhet er uforgjengelig.

Bli beriket i Gud, Faderen;

ta imot den Høyestes tanke.

Vær sterke, og bli forløst gjennom Hans nåde.

Jeg forkynner fred til dere, dere Hans hellige,

så ingen av de som hører, skal falle i striden.

Så ingen som har lært Ham å kjenne skal forgå,

så de som mottok Ham ikke skal bli gjort til skamme.

En evig krans er Sannheten.

Velsignet er de som setter den på sine hoder.

Det er en kostbar sten,

for kriger er blitt utkjempet for kransens skyld.

Men Rettferdigheten har tatt den og gitt den til dere.

Sett på deres krans, i Herrens sanne forbund!

Alle som har seiret skal skrives inn i Hans bok.

For boken er seieren som er dere til del.

Seieren ser dere for seg og vil at dere skal bli frelst.

Halleluja!

ODE 10
GUDS UTVALGTE LÆREMESTERE

Herren har styrt min munn gjennom sitt Ord,
og har åpnet mitt hjerte gjennom sitt Lys.
Han har latt sitt udødelige Lys ta bolig i meg,
og latt meg forkynne frukten av sin fred.
Dette for å forvandle livene til dem
som vil komme til Ham,
og føre de som er fanget til frihet.
Jeg tok mot til meg og ble sterk,
og tok verden til fange.
Det ble til den Høyestes ære,
for Gud, min Fader.

De splittede ugudelige ble samlet,
men jeg ble ikke uren ved min kjærlighet til dem,
for de forkynte meg i høyden.
Lysets mønster ble satt på deres hjerter.
De vandret i mitt liv og ble forløst.
De ble for alltid mitt folk.

Halleluja!

Ode 11
Gud åpenbarer sannheten og livet

Mitt hjerte ble kløyvd og dets blomst vokste frem.
Nåden sprang frem fra det, og bar frukt for Herren.
Den høyeste åpnet meg ved sin Hellige Ånd,
og blottet mitt indre for seg.
Han fylte meg med sin kjærlighet.
Hans åpning ble til min forløsning.
Jeg ilte hen på Veien, i Hans fred på Sannhetens Vei.
Fra begynnelsen til slutten tok jeg imot Hans kunnskap.
Jeg fikk fotfeste på Sannhetens klippe, hvor Han hadde satt meg.

Talende vann rørte ved mine lepper, fra Herrens rike kilde.
Så drakk jeg av det levende, udødelige vannet, og ble beruset.
Min beruselse var ikke uvitenhet,
men jeg forsaket forfengeligheten.
Jeg vendte meg til den Høyeste, min Gud,
og ble rik gjennom Hans gave.
Jeg etterlot dårskapen på jorden.
Jeg dro den av og kastet den fra meg.
Herren fornyet meg gjennom sin kledning,
og tok meg i besittelse gjennom sitt Lys.
Fra det høye ga Han meg hvile i uforgjengeligheten.
Jeg ble som blomstrende land,
som gleder seg ved sine frukter.
Og Herren er som solen over landet.
Han opplyste mine øyne, og mitt ansikt tok imot duggen.
Mitt åndedrag ble oppfrisket av Herrens skjønne duft.

Han førte meg til sitt paradis,
hvor rikdommen av Hans herlighet finnes.
Jeg så blomstrende og fruktbærende trær,
og deres kroner vokste av seg selv.
Deres grener skjøt skudd og deres frukter lo.
Opp av en udødelig jord vokste deres røtter.
En gledens flod vannet dem, og fløt rundt i landet for deres evige
liv.

Da tilba jeg Herren for Hans velde, og sa:
Velsignet, O Herre, er de som er plantet i Ditt land, som har plass
i Ditt paradis.
De som vokser som Dine trær, og er gått over fra Mørket til Lyset.
Se, hvor skjønne Dine arbeidere er;
de som utfører det gode arbeide.
De som vender seg fra ondskapen, til Din godhet.
De vendte seg fra trærnes bitterhet da de ble plantet i Ditt land.
Alt ble som en del av Deg.
Velsignet er ditt vans arbeidere, et minne over Dine trofaste.
Sannelig, finnes det stor plass i Ditt paradis,
og det finnes intet som er ufruktbart,
for alt er fylt med frukter.
Ære være Deg, o Gud, som er paradisets evige skjønnhet!

Halleluja!

ODE 12
SANNHETENS ORD ER I MENNESKET

Han har fylt meg med Sannhetens Ord,
så jeg kan erklære disse.
Likesom en flod, flyter Sannheten fra min munn,
og mine lepper fremmer Hans frukter.
Han har latt sin kunnskap flyte over i meg,
for Herrens munn er det sanne Ord, og døren til Hans lys.
Den Høyeste har gitt Ordet til sitt folk,
som besktiver Hans skjønnhet.
De erklærer Hans herlighet,
og bekjentgjør Hans råd.
De taler Hans tanke,
og foredler Hans tjenere.
Ordets klarhet er uutsigelig,
som dets tale, er dets fart og kraft,
for dets løp kjenner ingen grense.
Det faller aldri, men blir stående,
man kjenner ei dets nedstigning eller dets vei.
Dets verk er som dets forventning,
for det er tankens lys og gry.
Gjennom det talte slektene til hverandre,
det var også de som var tause i Ordet.
Fra det kom kjærlighet og andektighet.
De talte til hverandre om det som var deres.
De ble vekket til live av Ordet
og kjente Ham som hadde dannet dem,
ettersom de var i andektighet.
Den Høyestes munn talte til dem,
og Den Høyestes Ord snakket til dem,
og gjennom Ordet ble han kjent.

Ordets bolig er Mennesket,
og dets sannhet er kjærligheten.
Salige er de som gjennom det har forstått alt,
og har lært Herren å kjenne ved Hans sannhet.

Halleluja!

ODE 13
GUD ER VÅRT SPEIL

Se, Herren er vårt speil;
åpne dine øyne og se deg i Ham.
Lær å kjenne ditt ansikt,
og pris deretter Hans Ånd.
Tørk fargen fra ditt ansikt;
elsk Hans herlighet og ikle deg den.
Da skal du alltid være feilfri i Ham.

Halleluja!

ODE 14
HERRE, BEVAR MEG

Som en sønns øyne ser på sin fader,
så ser mine øyne alltid mot Deg, O Herre,
For min trøst og min glede er hos Deg.
Vend ikke Din barmhjertighet fra meg,
og ta ikke Din godhet bort.
Rekk alltid ut Din høyre hånd til meg;
vær min ledsager til den siste dag,
i overensstemmelse med Din vilje.
Måtte jeg være Deg til behag, for Din herlighets skyld.
Måtte jeg for Ditt Navns skyld bli vernet fra det onde.
La Din vilje, Herre, forbli hos meg,
og Din kjærlighetens frukter.
Lær meg Din Sannhets Sanger,
så jeg kan bære frukt i Deg.
Åpne Din hellige Ånds harpe for meg,
så jeg med hver tone kan prise Deg.
I samsvar med Din mangfoldige barmhjertighet;
skjenk meg den.
Vær lydhør for våre bønner,
for Du kan gi oss alt vi behøver.

Halleluja!

ODE 15
GUDS LYS FORDRIVER MØRKET

Som solen gir glede, for dem som søker dens oppgang,
så er Herren min glede.
Han er min sol, hans stråler har vekket meg,
Hans lys har fordrevet alt mørke fra mitt ansikt.
I Ham har jeg fått øyne,
og jeg har sett Hans hellige dag.
Ører har jeg fått, og jeg har hørt Hans sannhet.
Kunnskapens erkjennelse har jeg fått,
og jeg har fått liv gjennom Ham.
Jeg forlot villfarelsens vei
og gikk til Ham.
Jeg mottok fullkommen frelse av Ham.
I samsvar med sin gavmildhet gav Han meg,
og i likhet med sin skjønnhet dannet Han meg.
Jeg ikledde meg uforgjengeligheten gjennom Hans navn,
og avkledde meg forgjengeligheten gjennom Hans nåde.
Døden er tilintetgjort for mitt ansikt,
og dødsriket er beseiret gjennom mitt ord.
Evig liv er kommet fra Herrens land,
det ble bekjentgjort for Hans trofaste.
Det er blitt uendelig for alle som har sin tillit i Ham.

Halleluja!

ODE 16
VERDENS ARKITEKT

Som plogskjæret er plogmannens bestemmelse
og skipsroret er styrmannens,
så er det min, å lovsynge Herren i Hans hymner.
Min kunst og min tjeneste består i Hans hymner;
for Hans kjærlighet har næret mitt hjerte
og Hans frukt strømmer frem til mine lepper.
Min kjærlighet er Herren;
derfor vil jeg synge til Ham.
Jeg vil åpne min munn,
og Hans Ånd skal tale gjennom meg
om Herrens herlighet og Hans skjønnhet,
om Hans henders verk
og Hans fingres arbeid,
om Hans kjærlighets mangfoldighet
og styrken i Hans Ord.
Herrens Ord gransker det usynlige
og fatter Hans Tanke.
Øyet ser Hans verk
og øret hører Hans Tanke.
Han brettet ut jorden
og fylte havet med vann.
Han forordnet himmelen
og festet stjernene der.
Han sammenføyde skapelsen og ordnet den,
så hvilte Han fra sitt arbeid.
De skapte ting følger sine baner,
og utfører sitt arbeid.
De kan verken stanse eller opphøre,
og herskerne er underlagt Hans Ord.

Lysets forråd er solen,
og mørkets forråd er natten.
Han ga solen til dagen, for å gjøre den lys,
men natten bringer mørke over jordens overflate.
Gjennom deres tildelte forordning
fullbyrder de Guds skjønnhet.
Intet finnes uten Herren,
for Han var til før noe annet ble til.
Verdenene ble til gjennom Hans Ord,
og gjennom Hans hjertes tanke.
Ære være Hans Navn!

Halleluja!

Ode 17
Det Kristifiserte menneske frigjør

Jeg ble kronet av min Gud,
og min krans er levende.
Jeg ble rettferdiggjort av min Herre,
Han er min uforgjengelige frelse.
Jeg ble befridd fra forfengeligheten, og ble ikke fordømt.
Hans hender brøt i stykker mine lenker;
jeg fikk et nytt menneskes ansikt og likhet,
jeg gikk i det og ble reddet.
Sannhetens tanke ledet meg.
Jeg fulgte den og gikk ikke vill.
Alle som så meg ble forundret,
de så på meg som en fremmed.
Han som kjente meg og opphøyde meg,
er den Høyeste i all sin fullkommenhet.
Han forherliget meg gjennom sin godhet
og løftet min tanke opp til Sannhetens høyder.
Derfra gav Han meg den vei, hvor Han selv har gått.
Jeg åpnet de porter som var lukket.
Jeg knuste jernslåene.
For lenker smeltet og oppløstes for mitt åsyn.
Intet forble lukket for meg,
for jeg var altets dør.
Jeg gikk til fangene for å løse dem,
så jeg ikke skulle etterlate noen bundet eller i lenker.
Jeg gav dem min kunnskap i rikelig mål,
og min oppstandelse gjennom min kjærlighet.
Jeg så mine frukter i hjertene deres,
og forvandlet dem til meg selv.
De mottok min velsignelse og levde.

De samlet seg hos meg og ble reddet.
Da ble de for meg som mine egne lemmer,
og jeg var deres hode.
Ære være Deg, vårt hode, O Herre Kristus!

Halleluja!

ODE 18
HERREN STYRKER OG LEDER MEG

Mitt hjerte ble løftet og fløt over i den Høyestes kjærlighet,
så jeg kunne prise Ham for Hans Navns skyld.
Mine lemmer ble styrket,
så de ikke skulle falle fra Hans kraft.
Sykdommer vek fra min kropp,
den sto fast over for Herren, gjennom Hans vilje,
for Hans rike er evig.
O Herre, for de som manglers skyld,
send ikke Ditt Ord bort fra meg.
For deres arbeids skyld,
hold ikke Din fullkommengjørelse fra meg.
La ikke lyset falle for mørket,
eller Sannheten for løgnen.
Du vil salve meg til seier,
vår frelse er Din høyre hånd;
Du skal motta mennesker fra alle verdenshjørnene.
Du vil bevare enhver som er grepet av det onde.
Du er min Gud.
Falskhet og død finnes ikke i Din munn,
for Din vilje er fullkommenhet.
Forfengelighet kjenner Du ikke,
for den kjenner ikke Deg.
Du kjenner ingen villfarelse,
for den kjenner ikke Deg.
Uvitenhet er som støv,
og som havets skum.
De forfengelige tilla det stor verdi,
og tilegnet seg det; og de forfalt.
De som forstod og erkjente og mediterte,

ble ikke forvillet gjennom forestillingene.
For de var i Herrens bevissthet,
og de gjorde dem som vandret i villfarelse til skamme.
De talte sannhet fra inspirasjonen som den Høyeste åndet inn i dem.
Lovet og æret være Hans Navn!

Halleluja!

ODE 19
SØNNEN FØDES

Et melkebeger ble rakt meg,
og jeg drakk det i sødmen av Herrens godhet.
Sønnen er begeret,
og Han som ble melket v Faderen.
Den hellige Ånd melket Ham.
For Hans bryster var fulle,
og det var viktig å utgyte armelken.
Den hellige Ånd åpnet sin barm,
og blandet melken fra Faderens bryster.
Siden gav Ånden blandingen til verden uten dens viten.
De som mottok den, er i den høyre hånds fullkommenhet.
Jomfruens skjød tok imot den.
Hun ble fruktsommelig og fødte.
Jomfruen ble en Moder med stor barmhjertighet.
Hun kom i barnsnød og fødte Sønnen uten smerte,
for slik var meningen.
Hun begjærte ingen jordmor,
for Han fikk Henne til å gi liv.
Besluttsomt fødte Hun av egen vilje.
Hun fødte i henhold til den store kraften.
Hennes kjærlighet var forløsende,
hun voktet Ham med godhet,
og åpenbarte Ham med storhet.

Halleluja!

ODE 20
FØLG HERRENS NÅDE

Jeg er Herrens prest;
jeg tjener Ham i min gjerning.
Jeg ofrer Ham Hans Tankes offer.
For Hans Tanke er ikke lik verdens tanke.
Den er heller ikke som kjødets tanke.
Den er heller ikke lik dem som tjener kjødet.
Herrens offer er rettferdighet,
og hjertets og leppenes renhet.
Gjør ditt indre til et fullendt offer;
la ikke ditt hjerte undertrykke et hjerte,
og ikke din sjel undertrykke en sjel.
Du skal ikke kjøpe en fremmed med sølv,
ei heller sluke din neste,
ei heller berøve ham det som skjuler hans nakenhet.
Ikle deg Herrens nåde i rikt monn.
Kom inn i Hans paradis,
gjør deg en krans av Hans tre.
Sett den på ditt hode og vær lykksalig.
Legg deg på Hans hvilested.
Hans herlighet skal du erkjenne.
Du skal motta av Hans godhet og Hans nåde.
Du skal bli salvet i sannhet med Hans hellighets lovprisning.
Priset og æret være Hans Navn!

Halleluja!

ODE 21
HERREN LØFTER MEG OPP

Jeg løfter mine armer mot det høye
for Herrens nådes skyld.
Han fjernet mine bånd fra meg.
Min hjelper løftet meg opp,
i sin nåde og sin forløsning.
Jeg kledde av meg mørket
og tok på meg lys.
Min sjel fikk en skikkelse,
fri for sykdom, elendighet eller lidelse.
Til rikelig hjelp var Herrens Tanke,
og Hans uforgjengelige samfunn.
Jeg ble løftet til lyset,
og trådte frem for Ham.
Jeg var i Hans nærhet,
mens jeg lovsang og erkjente Ham.
Han fikk mitt hjerte til å flyte over,
Han var på min tunge,
og Han brøt frem til mine lepper.
Herrens herlighet og glede fylte mitt ansikt.

Halleluja!

Ode 22

Verdens ende og det nye riket

Han som lot meg stige ned fra det høye, og førte meg opp av
dypet;
Han som samler dem som er i midten, og kaster dem til meg;
Han som spredte mine fiender og mine motstandere;
Han som gav meg makt over lenkene, så jeg kunne bryte dem;
Han som ved mine hender beseiret dragen med de syv hodene,
satte meg over dens røtter, så jeg skulle tilintetgjøre dens frø:
Du var der og hjalp meg,
Ditt Navn omgav meg.
Ved Din høyre hånd ble ondskapens gift tilintetgjort,
Din hånd jevner veien for den som tror på Deg.
Du valgte dem ut av gravene, og skilte dem fra de døde.
Du tok døde ben, og dekket dem med kjøtt.
De var ubevegelige, og Du gav dem livskraft.
Uforgjengelig er Din vei og Ditt ansikt.
Du har ført Din verden til slutten,
så alt skal kunne bli oppløst før det blir fornyet.
Alle tings grunnlag skal bli Din klippe.
På den bygde Du Ditt rike.
Den ble en bolig for de hellige.

Halleluja!

Ode 23
Liknelse: Herrens tanke som et brev

Glede er til for de hellige.
Hvem skulle kle seg i den uten nettopp dem?
Nåde er til for de utvalgte.
Hvem skal ta imot den uten dem,
som stolte på den fra Begynnelsen?
Gå i Herrens Kunnskap,
så skal dere lære å kjenne Hans nåde i overflod,
både for å glede dere i Ham
og for å fullbyrdes i Hans Kunnskap.

Hans Tanke er som et brev,
og Hans vilje steg ned fra det høyeste.
Det ble sendt som en pil,
som ble skutt med stor kraft fra en bue.
Mange hender grep ivrig etter brevet,
for å fange det og lese det.
Men det gled ut av deres fingre,
og de ble redde for det, og for seglet som var på det.
De kunne ikke bryte dets segl,
for kraften som var over seglet var sterkere enn deres.
Men de som så brevet fulgte det, for å få se hva det betød.
Hvem skulle lese det?
og hvem skulle høre det?
Men et hjul tok imot det, og brevet kom over det.
Et tegn var med det, om riket og Guds herredømme.
Og alt som kom i veien for hjulet, ble hugget ned og skåret av.
Det tilbakeholdt en mengde av motstandere
og fylte atter floder.

Det felte mange skoger;
rykket dem opp med roten og lagde en åpen vei.
Hodet steg ned til føttene,
for like til føttene rullet hjulet og det som var skrevet på det.
Brevet var et befalingsbrev og vedrørte alle områder.
Ved dets hode kom den Åpenbartes hode til syne,
Sannhetens Sønn fra den høyeste Fader.
Han arvet alt og tok det i besittelse,
og så opphørte de manges hemmelige planer;
da samlet alle de frafalne seg og flyktet,
og forfølgerne ble tilintetgjort og jevnet med jorden.
Og brevet var en stor bok,
helt og holdent skrevet med Guds finger,
og Faderens og Sønnens og den Hellige Ånds navn var på den;
for de skal herske i all evighet.

Halleluja!

ODE 24
GUDS VISDOM RENSER

Duen fløy over Kristus,
for Han var Hennes hode.
Hun sang over Ham, og Hennes røst hørtes.
Da ble innbyggerne redde,
og de fremmede ble beveget.
Fuglene falt til jorden,
og alle krypdyr døde i sine huler.
De skjulte dypene åpnet seg,
og de ropte til Herren som kvinner i fødselssmerter.
Men de fikk ingen næring,
da det ikke tilhørte dem.
De forseglet avgrunnen med Herrens segl,
og de forsvant, som tanken på dem som levde før.
De var fordervet fra begynnelsen,
og enden på deres forderv var livet.
Alle som var ufullkomne gikk under,
da det ikke var mulig å gi dem et ord
slik at de skulle kunne bestå.
Herren tilintetgjorde forestillingene til dem
som ikke hadde Sannheten med seg.
For de var uten visdom,
de som opphøyede seg selv i sine hjerter.
De ble forkastet, da Sannheten ikke var i dem.
For Herren åpenbarte sin Vei
og utbredte sin nåde vidt.
De som forstod den
kjenner Hans Hellighet.

Halleluja!

Ode 25
Herren beskytter og bevarer meg

Jeg ble befridd fra mine lenker,
og jeg fløy til Deg, min Gud.
For Du er min forløsnings høyre hånd,
og min støtte.
Du holdt tilbake dem
som reiste seg mot meg,
så jeg aldri ser dem igjen.
For Ditt ansikt var med meg
og frelste meg gjennom Din nåde.
Men jeg var foraktet og forkastet i manges åsyn,
og var som uedelt metall i deres øyne.
Jeg fikk styrke og hjelp fra Deg.
En lampe satte Du både på min høyre og venstre side,
så intet i meg skulle være uten lys.
Jeg ble kledd i Din Ånd,
og jeg tok av mine kjødelige klær.
Din høyre hånd løftet meg
og fikk sykdom til å vike fra meg.
Jeg ble mektig gjennom Sannheten
og hellig i Din rettferd,
og alle mine motstandere fryktet meg.
Jeg ble forherliget i Hans navn,
og jeg ble rettferdiggjort av Hans godhet,
og Hans hvile består i all evighet.

Halleluja!

ODE 26
HVEM KAN SKRIVE HERRENS ODER?

Jeg lot lovsang flyte til Herren,
for jeg er Hans egen.
Jeg vil fremsi Hans hellige Ode,
for mitt hjerte er med Ham.
Hans harpe er i mine hender,
og Hans hviles Ode skal ikke bli taus.
Jeg vil påkalle Ham av hele mitt hjerte;
jeg vil prise og opphøye Ham med alle mine lemmer.
For fra øst til vest lyder Hans lovsang,
fra sør til nord er Hans vitnesbyrd.
Fra de høyeste tinder til deres ende,
er Hans fullkommenhet.
Hvem kan skrive Herrens Oder?
Hvem kan lese dem?
Hvem kan trene sin sjel,
så den kan bli frelst?
Og hvem kan tvinge den Høyeste til å tale?
Hvem kan tolke Herrens undre?
For den som tolker ville kunne bli oppløst, og slik bli det som
tolkes.
Det er nok å vite og hvile,
for sangerne står i ro,
likesom en flod med en veldig kilde,
som strømmer for dem som søker den.

Halleluja!

ODE 27
HERRENS KORS

Jeg strakk ut mine hender,
og helliget min Herre.
Da mine utstrakte hender
er Hans tegn,
og min utstrekning
er det oppreiste kors.

Halleluja!

ODE 28
KRISTUS ER EN UKJENT I VERDEN

Som duenes vinger over deres barn,
som barns nebb mot deres nebb,
så hviler også Åndens vinger over mitt hjerte.
Mitt hjerte fryder seg i glede,
lik barnet som gleder seg i sin moders liv.
På grunn av min tro var jeg i hvilen;
for trofast er Han jeg trodde på.
Rikelig har Han velsignet meg,
og mitt hode er hos Ham.
Sverdet eller huggerten skal ikke skille meg fra Ham.
For jeg er beredt før ødeleggelsen kommer,
og jeg er blitt satt på Hans udødelige naggler.
Han viste meg sitt tegn
og gav meg å drikke,
for fra det liv kom Ånden inn i meg
og gjorde meg udødelig.
De som så meg ble forundret,
for jeg ble forfulgt.
De trodde at jeg var blitt fortært,
for jeg så ut, for dem, som en av de fortapte.
Men den urett jeg led ble min frelse.
Jeg var deres motstykke, for det var intet segl i meg.
Fordi jeg alltid gjorde godt mot alle ble jeg hatet.
De omgav meg som gale hunder
som i uvitenhet angriper sin herre.
For deres tanker var fordervet
og deres forståelse fordreid.
Men jeg bar vann i min høyre hånd,
og deres bitterhet holdt jeg ut, gjennom min egen sødme.

Jeg gikk ikke under, for jeg var ikke deres broder,
ei heller var min fødsel lik deres.
De søkte min død uten å lykkes,
for jeg var eldre enn de kunne minnes.
Forgjeves angrep de meg og de, som ulønnet kom etter meg,
forsøkte forgjeves å ødelegge minnet om Ham som var før dem,
da ingen kunne forutse den Høyestes Tanke;
Hans hjerte er fremfor alt visdom.

Halleluja!

Ode 29
Gud gi meg styrke

Herren er mitt håp;
jeg skal ikke skammes over Ham.
I overensstemmelse med sin lovsang dannet Han meg,
etter sin nåde gav Han til meg.
I sin barmhjertighet opphøyde Han meg,
og i sin herlighet løftet Han meg opp.
Han løftet meg ut av dødsrikets dyp,
av dødens munn dro Han meg ut.
Jeg ydmyket mine fiender,
og Han rettferdiggjorde meg gjennom sin nåde.
Jeg trodde på Herrens Kristus
og Han syntes meg å være Herren.
Han viste meg sitt tegn
og ledet meg med sitt Lys.
Han gav meg sin makts Septer,
så jeg kunne overvinne folkets forestillinger
og bøye ned de veldiges makt.
Til å stride gjennom Hans Ord,
og seire gjennom Hans kraft.
Gjennom sitt Ord styrtet Herren min fiende;
Han ble lik strå som vinden fører med seg.
Og jeg lovsang den Høyeste,
for Han har forherliget sin tjener,
sin tjenerinnes sønn.

Halleluja!

ODE 30
HERRENS LEVENDE KILDE

Øs deres vann av Herrens levende kilde,
for den er blitt åpnet for dere.
Kom alle dere tørste og drikk
og hvil ved Herrens kilde.
For den er herlig og ren,
og gir ro til sjelen.
Langt søtere enn honning er dens vann;
bienes honningkake kan ikke måle seg med den.
Fra Herrens lepper går den ut,
og dens Navn er fra Herrens hjerte.
Den kom grenseløs og usynlig,
og til den ble satt i midten, kjente de den ikke.
Salige er de som har drukket av den,
og som har funnet hvile gjennom den.

Halleluja!

ODE 31
KRISTUS FRELSER SITT FOLK

Avgrunnene forsvant for Herren,
og mørket ble oppløst ved Hans komme.
Villfarelsen fòr vill og gikk til grunne ved Ham;
dårskapen fikk ingen anledning,
for den oversvømtes av Herrens Sannhet.
Han åpnet sin munn og talte nåde og glede,
og fremsa en ny lovsang for Hans Navn.
Han hevet sin røst til den Høyeste,
og frembar for Ham sine sønner,
de som var med Ham.
Hans ansikt ble rettferdiggjort,
for det hadde Hans hellige Fader gitt ham.
Kom hit, dere som er blitt plaget, og motta glede.
Fyll dere selv med Hans nåde,
og ta til dere det evige liv.
De dømte meg da jeg stod opp,
jeg som ikke var skyldig.
De delte mine eiendeler,
skjønt jeg ikke skyldte dem noe.
Men jeg holdt ut, taus og i stillhet,
som om jeg ikke ble berørt av dem.
Jeg stod urokkelig, som en fast klippe,
som piskes av, men motstår de veldige bølger.
Jeg bar deres bitterhet for min ydmykhets skyld,
så jeg kunne forløse og arve mitt folk,
så jeg ikke skulle bryte løftene jeg hadde gitt til fedrene
om å frelse deres avkom.

Halleluja!

ODE 32
KRISTUS I OSS

Til de guddommelige kommer gleden fra hjertet,
og lys fra Ham som dveler i dem,
og ord fra Sannheten, som ble til av seg selv.
For Han er styrket gjennom den Høyestes hellige kraft,
og Han er for alltid ubevegelig.

Halleluja!

Ode 33
Visdommen leder oss

Nåden støtte igjen Forderveren bort,
og steg ned i ham for å tilintetgjøre ham.
Han ødela alt foran seg,
og fordervet sitt verk.
Han stod på toppen av en tind og ropte høyt,
fra jordens ene ende til den annen.
Han dro til seg alle som lød ham,
for han syntes ikke for dem som den onde.
En Fullkommen Jomfru stod frem,
og forkynte og kalte og sa:
"O menneskenes sønner; vend om,
og dere døtre; kom!
Forlat Fordervelsens veier
og kom til Meg.
Jeg vil tre inn i dere og føre dere ut av tilintetgjørelsen
og gjøre dere vise på Sannhetens veier,
så dere ikke blir fordervet eller går under.
Hør Meg og bli forløst,
for det er Guds herlighet Jeg forteller dere om.
Gjennom Meg skal dere bli forløst og saliggjort.
Jeg er deres dommer.
De som har ikledd seg Meg skal ikke ta skade,
men skal besitte den nye og ubesmittede verden.
Mine utvalgte vandrer i Meg,
og Mine veier skal Jeg bekjentegjøre for dem som søker Meg,
og Jeg vil gi dem tillit til Mitt Navn.

Halleluja!

ODE 34
DET UDELTE MENNESKET FORLØSES

Ingen veier er vanskelige,
der det finnes et udelt hjerte,
ei heller noen hindring for oppriktige tanker,
eller noen storm i dypet av det opplyste sinn.
Om noen er omgitt av skjønnhet,
finnes intet delt.
Det som er forneden,
er lik det som er foroven,
for allting er fra oven.
Det som er forneden er intet annet enn forestillingene
til de som er uten Kunnskap.
Nåden er åpenbart før deres forløsning:
Tro, lev og bli forløst!

Halleluja!

Ode 35
Jeg er blitt løftet opp i Guds nærvær

Herrens dugg la seg over meg i stillhet
og lot fredsskyen stige opp over mitt hode
for at den alltid skulle bevare meg,
og den ble min redning.
Alle ble rystet og de ble skrekkslagne
og det kom røyk og dom fra dem.
Men jeg var rolig i Herrens selskap.
Han var mer enn vern og grunnvoll for meg.
Jeg ble båret som et barn av sin moder,
Han gav meg melk; Herrens dugg.
Jeg vokste opp i Hans mildhet,
og fikk hvile i Hans fullkommenhet.
Jeg strakte ut mine hender
idet jeg løftet opp min sjel
og ble fullkommengjort ved den Høyeste,
og ble forløst ved Ham.

Halleluja!

Ode 36
I Guds nærvær finner jeg fred

Jeg hvilte i Herrens Ånd,
og den løftet meg opp.
Den lot meg stå i Herrens høyder
innenfor Hans fullkommenhet og herlighet,
mens jeg lovsang Ham gjennom å skrive Hans Oder.
Ånden førte meg fremfor Herrens ansikt,
og selv om jeg var en Menneskesønn
ble jeg kalt den Lysende, Guds Sønn,
mens jeg ble æret blant de ærede,
og stor var jeg blant de største.
For likesom den Høyestes storhet gjorde Han meg,
og likesom sin fornyelse fornyet Han meg.
Han salvet meg med sin fullkommenhet,
og jeg ble en av dem som er hos Ham.
Min munn ble åpnet, som en sky av dugg,
og ut fra mitt hjerte fløt en strøm av rettferdighet.
Jeg nærmet meg Ham i fred,
og ble befestet gjennom ledelsens Ånd.

Halleluja!

ODE 37
I KOMMUNION MED GUD

Jeg strakte mine hender mot Herren,
og til den Høyeste løftet jeg min stemme.
Jeg talte med mitt hjertes lepper,
og Han hørte meg da min røst nådde Ham.
Hans svar kom til meg
for å gi meg mine anstrengelsers frukter,
og gav meg hvile gjennom Hans nåde.

Halleluja!

Ode 38

Sannheten leder meg og gjør meg vis

Jeg steg opp i Sannhetens Lys som i en vogn,
og Sannheten ledet meg og lot meg komme.
Den lot meg passere over kløfter og avgrunner,
og vernet meg fra revner og kløfter.
Sannheten ble min rednings havn.
Den satte meg på det udødelige livs sted.
Den gikk med meg og lot meg hvile.
Den overgav meg ikke, for den var Sannheten.
Ingen fare nådde meg, for jeg vandret i den,
og jeg gikk ikke vill eller gjorde noen feil,
ettersom jeg adlød den.
Villfarelsen flykter fra Sannheten og møter den ikke.
Men Sannheten gikk frem på den rette vei,
og hva jeg ikke kjente, det viste den meg:
All villfarelsens gift og dødens plager, som anses for sødme.
Jeg så ødeleggelsens Ødelegger
da bruden som er fordervet ble prydet,
og brudgommen som bederver og er bedervet.
Jeg spurte Sannheten: "Hvem er disse?"
og den fortalte meg:
"Det er Bedrageren og Villfarelsen."
De etterligner den Elskede og Hans Brud,
og de fører verden vill og forderver den.
De innbyr mange til gildet,
og gir dem deres berusende vin å drikke.
Så får de dem til å glemme sin visdom og Kunnskap,
og berøver dem forstanden.
Siden forlater de dem, så de vakler omkring
som gale, og de forderver andre.

For det finnes ikke noe hjerte i dem,
ei heller søker de det.
Men jeg er blitt vis, slik at jeg ikke faller i Bedrageres hender,
og jeg frydes over at Sannheten er med meg.
For jeg ble til, livde og ble forløst,
og min grunnvoll ble lagt gjennom Herrens hånd,
ettersom han plantet meg som et frø.
Han plantet roten, vannet, og dro omsorg og velsignede den;
dens frukter skal bestå for alltid.
Den trengte dypt ned og skjøt opp og bredte seg ut,
og den ble fullkommen og stor.

Og Herren alene ble æret,
gjennom sin beplantning og sitt stell,
gjennom sin omsorg og sine leppers velsignelse,
gjennom sin høyre hånds underfulle beplantning,
gjennom plantenes frukter
og gjennom forståelsen av hans sinn.

Halleluja!

ODE 39
GJENNOM HERRENS FLODER

Herrens makt er som brusende floder;
de vasker bort dem som forakter Ham,
forvirrer deres skritt, ødelegger deres vadesteder,
river med seg deres kropper og ødelegger dem.
For floden er raskere og snarere enn lyn.
Men de som krysser flodene i trofasthet, skal ikke vakle.
De som går på dem uten brist, skal ikke frykte.
For Herrens tegn er i dem,
og tegnet er Veien
for dem, som går over i Herrens Navn.
Ikle dere derfor den Høyestes Navn
og lær Ham å kjenne,
så skal dere krysse uten fare,
for da vil flodene lyde dere.
Herren har slått bro over dem, gjennom Sitt Ord,
og Han vandret over dem til fots.
Hans føtter stod fast på vannene,
og ble ikke skadet.
De er som rotfaste trær, som i sannhet står fast.
På begge sider reiste bølger seg,
men Kristus, vår Herres føtter, stod fast
og ble ikke utslettet eller skadet.
Veien er lagt for dem som følger Hans spor,
for dem som holder seg til Hans tros sti,
og som hedrer Hans Navn.

Halleluja!

ODE 40
GJENNOM HENGIVENHET TIL EVIG LIV

Som honning drypper av bienes honningkaker,
og melken flyter fra den kvinne som elsker sine barn,
så er også mitt håp i Deg, min Gud.
Som en kilde lar vannet flyte,
så lar mitt hjerte Herrens lovsang komme frem.
Mine lepper bærer lovsang for Ham.
Min tunge blir bløt av Hans hymner,
og mine lemmer er salvet av Hans Oder.
Mitt ansikt gleder seg når jeg opphøyer Ham,
min ånd jubler i Hans kjærlighet,
min sjel lyser i Ham.
Den som ærer Ham, må betro seg til Ham,
så skal forløsningen befestes i Ham.
Hans arv er evig liv,
og de som tar imot det er uforgjengelige.

Halleluja!

Ode 41
La oss glede oss i Herren

Alle Herrens barn vil prise Ham,
og ta imot troens sannhet.
Han skal kjenne sine barn;
vi vil derfor synge i Hans kjærlighet!
Vi lever i Herren, gjennom Hans herlighet,
og livet mottar vi i Hans Kristus.
For en stor dag stråler frem over oss,
og praktfull er Han som har gitt oss av sin storhet.
La oss derfor være ett i Herrens Navn,
og la oss ære Ham i Hans godhet.
Må våre ansikter lyse i Hans Lys
og la våre hjerter dvele i Hans Kjærlighet, natt og dag.
La oss glede oss i Herren!

Alle som ser meg blir forundret,
ettersom jeg er fra en annen slekt.
For Sannhetens Fader kom meg i hu,
Han som jeg tilhørte fra Begynnelsen.
Hans velde unnfanget meg,
og Hans hjertes tanke.

Hans Ord er med oss på alle våre veier,
Frelseren som gir liv,
og som ikke forkaster våre sjeler.
Den mann, som fornedret seg,
ble opphøyd for sin rettferdighets skyld.

Den Høyestes Sønn ble åpenbart
i sin Faders fullkommenhet.
Og Lyset gikk ut fra Ordet,
som fra Begynnelsen var i Ham.
Kristus er i sannhet én,
og Han var kjent før verdens grunnleggelse,
så Han for alltid skulle kunne frelse menneskesjeler
gjennom Sitt Navns sannhet.
En ny sang stiger opp fra dem som elsker Ham.

Halleluja!

ODE 42
KRISTUS VÅR FRELSER OG FORLØSER

Jeg strakte ut Mine hender
og nærmete Meg min Herre,
for Mine utstrakte hender er Hans tegn.
Min utstrekning er det utstrakte tre,
som ble satt opp på den rettferdiges vei.
Jeg var unyttig for dem som ikke kjente Meg,
for Jeg vil gjemme Meg for dem
som ikke rommer Meg.
Jeg vil være hos dem
som elsker Meg.
Alle Mine forfølgere er døde;
de som søkte Meg, de som satte sin tillit til Meg
fordi jeg er levende.
Jeg reiste Meg og er med dem,
og Jeg skal tale gjennom deres munn.
For de har forkastet dem som forfølger dem,
og Jeg la på dem Min kjærlighets åk.
Slik som brudgommens arm er over bruden,
så er Mitt åk over dem som kjenner Meg.
Slik som brudekammeret dannes i brudeparets hjem,
så er Min kjærlighet hos dem som har tillit til Meg.
Jeg ble ikke forkastet, selv om Jeg ble ansett som en utstøtt;
Jeg gikk ikke under, selv om de trodde det.
Dødsriket så Meg og ble kraftløst;
døden spyttet Meg ut, og mange med Meg.
Jeg ble en pest og en plage for det,
jeg gikk ned med den til dets nederste dyp.
Føtter og hode lot den gå,
for det kunne ikke utholde Mitt ansikt.

Jeg sammenkalte en forsamling av levende blant de døde.
Jeg talte til dem med levende lepper,
så Mitt ord ikke skulle være uten gagn.
De som hadde dødd, løp imot Meg
og de ropte og sa:
"Guds Sønn, forbarm Deg over oss!
Gjør med oss i overensstemmelse med Din mildhet,
før oss ut av mørkets fengsel.
Åpne Døren for oss, så vi kan komme ut til Deg gjennom den,
for vi merker at døden ikke rører Deg.
La oss forløses ved Deg,
for Du er vår Frelser!"
Jeg hørte deres stemmer.
Jeg satte Mitt Navns segl på deres panner.
For de er frie, og de er Mine.

Halleluja!

REFERANSELISTE

Harris, J. Rendel: The Odes and Psalms of Salomon, Cambridge University Press 1911.

Regerup, Andreas Jessen: Salomos Oder, et sangverk.